WITTGENSTEIN!

CONTADOR BORGES
WITTGENSTEIN!

Peça em 1 ato

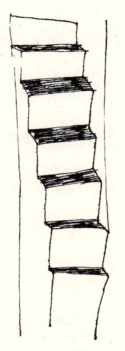

ILUMI//URAS

Copyright © 2007
Contador Borges

Copyright © 2007 desta edição
Editora Iluminuras Ltda.

Capa
Carlos Clémen

Revisão
Lucia Brandão

DADOS INTERNACIONAIS DE CATALOGAÇÃO NA PUBLICAÇÃO (CIP)
(Câmara Brasileira do Livro, SP, Brasil)

Borges, Contador
Wittgenstein : peça em 1 ato / Contador
Borges. — São Paulo : Iluminuras, 2007.

ISBN 978-85-7321-270-9

1. Análise (Filosofia) 2. Semântica (Filosofia)
3. Wittgenstein, Ludwig, 1889-1951, I. Título

07-3892   CDD-193

Índices para catálogo sistemático

1. Filosofia austríaca   193

2007
EDITORA ILUMINURAS LTDA.
Rua Inácio Pereira da Rocha, 389
05432-011 - São Paulo - SP - Brasil
Tel: (11)3031-6161 / Fax: (11)3031-4989
iluminur@iluminuras.com.br
www.iluminuras.com.br

ÍNDICE

Nota sobre *Wittgenstein!* 7
Contador Borges

WITTGENSTEIN! 17

Um depoimento 59
Jairo Arco e Flexa

Jairo Arco e Flexa em cena 65

A ascese espiritual de Wittgenstein 69
Arley R. Moreno

Cronologia 75

Sobre o autor 79

NOTA SOBRE *WITTGENSTEIN!*

Contador Borges

"A verdade é o corpo", ouve-se na peça *Marat-Sade*, de Peter Weiss. A frase é quase uma paráfrase a dizer com Freud que "anatomia é destino".

Que o corpo *é* a verdade, o teatro reconhece em sua prática, e isso lhe serve de base e cume, sua principal razão de ser.

O corpo está em toda parte. O palco, despido ou munido dos objetos cenográficos que lhe dão apoio, é o lugar dessa verdade, que, no fundo, diz respeito a todo teatro.

Há um texto por trás, modernamente nem sempre, um texto que traça um itinerário para os corpos e suas ações, mas o acontecimento que conhecemos milenarmente por teatro só se dá quando o corpo entra em cena. Corpo é movimento, gesto, fala e as expressões do rosto dos atores, estes signos oscilantes que dão vida às máscaras. É essa soma de elementos que torna "real" a arte cênica, arte na qual o corpo é sempre protagonista.

Quanto ao gesto, ele se imprime no aqui-agora, breve incisão no tempo e no espaço de nossas vidas cotidianas. Muito bom se fica na memória, se seu efeito sobrevive à efeméride, ao acontecimento que se repete (sempre na diferença) ao longo da temporada, por si só registro das calendas que se esgota em sua própria efervescência.

O ator num palco é o *performer* desse gesto, como um toureiro e sua capa, mas sem enfrentar o público, investindo contra um objeto inapreensível, que não se resume a si mesmo, ou ao mero texto, mas ao próprio acontecimento do teatro, seu rito. Vive do acontecimento que se repete justamente por marcar uma diferença com a apresentação anterior, por antecipar a próxima e no entanto diferindo delas no essencial: aquilo que torna cada gesto único em sua apreensão simbólica por um determinado público, e, por isso mesmo, gesto que celebra a vida coletivamente.

Talvez por isso, o teatro, nessa medida (ou desmedida) seja a mais concreta das artes, pois se insere no âmago desse acontecimento que chamamos real, surgindo ao mesmo tempo do nada e de nós mesmos. O que é um espectador senão a testemunha de uma ocorrência, testemunha não necessariamente inerte, mas atuante em seu silêncio fecundo, em sua intimidade à distância?

Como num rito arcaico de sacrifício, o teatro deve produzir um efeito no espectador, uni-lo ao acontecimento em cena numa comunicação forte, formando com ele uma comunidade na qual se celebram acontecimentos vitais e os sentidos do humano se evidenciam de modo mais intenso e genuíno.

Vamos assim da suavidade à extrema violência revisitando a experiência humana em questão de minutos.

A comunicação forte que o teatro realiza, seres descontínuos que somos, nos liga a uma continuidade por meio do espetáculo, de seu rito, na qual tomamos parte nos comunicando à flor da pele com os personagens, para o bem e para o mal do que sentimos ou pensamos, a ponto de, às vezes, jamais voltarmos a ser os mesmos.

No palco, é o ator quem desencadeia esse rito. Quando fala, sempre excede o texto, fala *além* do texto; os sentidos que produz vêm de fora, ainda que estimulados pelas palavras e pelo espetáculo, vêm do público, vêm da vida colhida no coração do tempo.

São estes elementos em simbiose que fecham o círculo em torno do ator, que o fazem propriamente dizer e ser ouvido. A cena então emerge dessa mescla de fenômenos nem sempre muito claros: o texto, o trabalho do diretor, o ator e sua performance, a cenografia, a música, a luz, mas também todo um corpo estranho e invisível o qual, vindo do público (do tempo), invade a cena e se incorpora ao espetáculo, vibrando com ele para que o teatro enfim atinja seu mais completo sentido.

É sabido que qualquer forma de arte absorve o tempo, a época e a cultura (por vezes sua crítica); o teatro em particular, no entanto, parece enfatizar preferencialmente a sintonia com o presente; nesse sentido, mostra o presente ainda mais real colando-nos a ele por nos tornar parte de seu próprio impulso.

Como todas as artes o teatro conjuga a permanência e o provisório, vive cada instante como único e supremo e, por isso mesmo, celebra o instante em seu acontecimento.

Não é outro o sentido de *efêmero*, algo que se inscreve no dia, no momento em que se respira e um acontecimento dá forma vital ao tempo, como o ar que ocupa um espaço e o aquece, ilumina, garantindo a vida daqueles que o habitam.

O espaço no teatro é esse lugar primordial onde o que vemos adquire certa sacralidade (o espaço mesmo se torna sagrado), portanto, algo que pede para ser profanado. Assim os homens se mostram em seus excessos e intempéries, a vida mostra seu lado mais agudo, onde as ações humanas são levadas às últimas conseqüências. Aqui, o fator tempo joga um papel essencial: o teatro simultaneamente descreve a forma que uma época assume aos nossos olhos e realiza a sua crítica; e ao incorporar o tempo em seu espaço, lhe confere visibilidade. Em última instância, é o próprio homem que se glorifica nesse lugar privilegiado.

No caso de um monólogo, o ator finge estar sozinho e talvez acredite verdadeiramente nisso para que a magia do teatro aconteça. É apenas a sua voz que ouvimos irradiando desse centro, o palco (lugar nenhum: todos os lugares); uma voz que em princípio reproduz um pouco do que reza o ditado grego, de modo que se possa ouvir com coração e mente "alguém clamando no deserto". Pode ser valioso explorar essa voz no limite, caixa de ressonância que é, fazendo-a vibrar em nome de outras *personas:* fantasmas, arremedos, pois o tom da voz, suas inflexões e nuanças são vitais para que os sentidos de uma obra dramática se produzam.

Quem fala em *Wittgenstein!* por intermédio de seu único ator? Um sujeito chamado Ludwig, mas também o universo que ele arrasta consigo; falam também suas idéias explodindo no ar como fogos de artifício, e também "modos de ser" que afloram nessa representação de certos momentos de sua vida, recuperados artificialmente ou simplesmente "inventados", nos quais o timbre vocal, sua têmpera, já não é mais o mesmo.

Além dos "muitos" que se ouve num só personagem, destacam-se também outras *personas* que o ator paradoxalmente encarna (além dele mesmo, o que é sempre inevitável), como familiares, músicos, entre outros, reconstituídos em traços por reminiscência, este belo instrumento a serviço do teatro. Surge assim uma figura como a de Bertrand Russell, misto de mestre/admirador/oponente, cuja presença-ausente na trama de *Wittgenstein!* oferece um pouco daquilo que é alimento essencial dessa arte: o conflito.

O fato de o monólogo evocar a multiplicidade num único corpo, torna-o um poderoso recurso. O ator acaba não se sentido mais sozinho e passa a contracenar consigo mesmo. Do ponto de vista da representação, tal procedimento gera um efeito em cadeia: o corpo se agiganta no palco e, talvez, nos aproxime mais de nós mesmos, ao menos daquilo que poderíamos chamar de solidão essencial, o que nos torna um indivíduo entre outros, mas também singularidades, figuras imantadas de vida, capazes de afirmar seu sentido, inclusive no sofrimento, no terror e na violência. O ato num corpo único e plural, corpo de todos e de ninguém: bela síntese de nós mesmos.

Wittgenstein é ele mesmo e não é; é aquele que achamos que seja; é sem ser definitivamente, e só é na medida em que nossas ilusões recobrem aquilo que presenciamos com a carne do real. Nada mais humano.

Vemos assim o filósofo diante de uma mesa falando para um público heterogêneo (para nós mesmos). Nos misturamos aos estudantes e especialistas de lógica, mas também somos, potencialmente falando, a força que transfigura este público real e imaginário que irá segui-lo por todo o campo aberto pela memória e pelo devaneio, impregnando o discurso inicial de um corpo estranho, e com isso aproximando a lógica da loucura, ou melhor, deixando que o dispositivo poético se torne, doravante, o principal fio condutor. Do auditório de uma Universidade giramos para outras camadas do tempo e do espaço: a aldeia nas montanhas, a casa da infância, o *front* de batalha, a cabana na Noruega, e assim por diante, voltando de vez em quando ao ponto de partida, como se o filósofo fosse chamado de volta à realidade.

Quanto ao tom da narrativa, optou-se por um viés no qual a dramaticidade de uma cena pudesse dar lugar a um elemento ligeiramente cômico ou, ao contrário, partindo de situações mais leves, fosse possível transitar de um lance livre de *coloratura* para um solo mais grave, de maior densidade dramática.

De resto, o monólogo parece acentuar uma lei válida para todo teatro: a de que cada personagem, por definição, é sempre um *outro*. Não há propriamente a figura do *mesmo* no teatro. É sempre uma máscara que substitui outra, e assim sucessivamente. Afinal, na vida comum em sociedade as máscaras são recursos de mobilidade para o rosto nu; incorporamos muitos traços alheios ao longo da existência, somos um mosaico de caracteres. A face original não existe, ou se existe é uma solução circunstancial — quando muito uma acomodação prática e eficaz, por vezes resignada, ao trato social. E não há necessariamente nisso nada que desabone a nossa conduta ou que se possa invariavelmente chamar de "falsidade". Podemos ser verdadeiros forçando uma atitude gentil diante da aspereza de alguns, e muitas vezes nem percebemos que tomamos de empréstimo algum traço de alguém que admiramos quando estamos falando. No fundo essa é mesmo a função dos rostos: emitir sinais, por vezes inusitados, contraditórios, a ponto de nos assustar com nossas próprias expressões quando somos arrebatados por alguma situação inesperada. Essa é uma verdade que o teatro parece trazer à tona, e que se poderia chamar de "efeito *persona*", no qual todo *mesmo* é necessariamente *outro*.

O filósofo Wittgenstein de fato existiu, mas é como máscara que ele ressurge em cena e se apodera do corpo do ator. Com isso, para além das coincidências e semelhanças, para além de todo o ponto de contato que possa ter com a figura histórica, com o pensador e suas idéias, com o homem de ação, com o empreendedor, aviador e engenheiro, com o amante das artes, com toda essa multiplicidade de traços que compõem um só indivíduo, por si só reduto pleno de alteridade, o personagem da peça ganha peso e adquire contorno real.

Eis o personagem que aqui se buscou desenvolver. Nessa medida, ele teve de seguir um destino algo perverso. Ou seja: visando o sujeito real, ele entra num determinado contexto, assume uma personalidade já bastante complexa, rouba-lhe o nome, a aparência, a história e as idéias, fazendo-se passar por ele de maneira forçosa ou cínica.

É assim que este monólogo descreve uma trajetória em duas linhas que se aproximam e acabam se cruzando em pleno palco.

A certa altura é isso mesmo que o monólogo procura encenar na seqüência do duplo, quando o filósofo se encontra com ele mesmo na floresta perto de sua cabana, na Noruega. Em suma: por mais que isolemos alguém à guisa de uma biografia, de um nome, de uma tipologia, de um corpo de idéias, é sempre um outro que surge aos nossos olhos: *eu é um outro*, na velha e sempre atual fórmula do poeta Rimbaud.

Entretanto, no que esta peça tem em consonância com a vida e a obra do Wittgenstein histórico, procura-se refletir sobre algumas questões concernentes ao seu pensamento que giram em torno da linguagem em suas interfaces com a arte, a ciência e a existência humana.

Para além de toda verossimilhança, apresenta-se um homem diante de suas idéias, por vezes levado pelo fluxo da memória, enfim, o sujeito em meio a seus fantasmas e obsessões.

Embora centrado em questões lógicas, o pensamento de Wittgenstein deixa entrever com profundidade outras dimensões do homem, como a ética e a criação artística. Fascinam, a propósito, suas considerações a respeito do silêncio e do indizível. Vale a pena lembrar as palavras de Jorge Luís Borges: "a salvação da humanidade tem três caminhos: a inteligência, a ética e a estética". A obra de Wittgenstein não deixa de ser uma meditação sobre as relações entre esses três termos.

São algumas dessas idéias que a peça procura ilustrar. Exageros no tom e distorções das frases do filósofo ficam por conta da deliberada opção por um texto mais inclinado ao fictício do que ao biográfico. Ainda assim, malgrado a licença poética que se adotou por medida, buscou-se preservar ao máximo seu sentido no pensamento do filósofo. Foram de grande auxílio as obras de Hans-Johann Glock, *Dicionário Wittgenstein*, as conversas com o estudioso Arley R. Moreno e seu livro *Wittgenstein, os labirintos da linguagem*, e sobretudo a biografia *Ludwig Wittgenstein, The Duty of Genius*, de Ray Monk.

Os excertos do *Tractatus logico-philosophicus* de Wittgenstein foram, em sua maioria, extraídos das traduções de José Arthur Giannotti (Companhia Editora Nacional/EDUSP, 1968) e de Luiz Henrique Lopes dos Santos (EDUSP, 1994). Aos tradutores e à EDUSP fico imensamente grato por terem permitido a reprodução dos trechos.

Agradeço também as amigas Teresa de Almeida e Maria Cristina Carvalho Rolim, que participaram ativamente do projeto dessa peça e, principalmente, a Jairo Arco e Flexa, quem teve a idéia de levar Wittgenstein para o palco e a Roberto Rosa, estes dois homens de teatro que souberam aparar com sensibilidade os excessos e desacertos de um novato no gênero.

Ludwig Wittgenstein em 1930.

WITTGENSTEIN!

Minhas proposições se elucidam do seguinte modo: quem me entende, por fim as reconhecerá como absurdas, quando graças a elas — por elas — tiver escalado para além delas. (É preciso por assim dizer jogar fora a escada depois de ter subido por ela.)

Ludwig Wittgenstein,
Tractatus logico-philosophicus
(tradução José Arthur Giannotti)

FICHA TÉCNICA*

Texto – Contador Borges
Direção – Roberto Rosa
Elenco – Jairo Arco e Flexa
Cenografia e Figurino – Chris Aizner
Sonoplastia – Tunica Teixeira
Iluminação – Décio Filho
Operação de Luz e Som – Talita Avelino
Cenotécnica – Tibúrcio
Contra-regragem – Gabriel Greghi
Costura – Judite de Lima
Designer – Sueli Rojas
Fotografia – Mauricio Shirakawa
Imagens e Edição DVD – Fabiano Moreira
Assessoria de Imprensa – Julianna Santos
Produção Executiva – Majó Sesan
Direção de Produção – Alexandre Terreri

---

*) O espetáculo estreou em 7 de abril de 2006 no Teatro Fábrica São Paulo.

(O cenário representa diversos ambientes por onde se move o personagem, numa viagem no tempo e no interior de si mesmo. Os ambientes principais são: a sala de conferência em Cambridge, a mansão onde Wittgenstein viveu até a adolescência, o front de batalha da I Guerra Mundial, sua cabana na Noruega e o hospital londrino no qual trabalhou como técnico de laboratório. Os ambientes vão se alternando e se entrelaçando no decorrer da peça como a seqüência de um sonho. Do lado direito do palco se encontra uma mesa com alguns livros e papéis. Ao centro, uma escada. Ao fundo, uma prateleira com frascos de vidro. Durante a peça serão ouvidos, por meio de uma gravação, trechos de algumas proposições do Tractatus logico-philosophicus, *de Ludwig Wittgenstein, à exceção, talvez, da última, que o próprio ator poderá dizer. As proposições estão em **negrito**, no texto, a exemplo de outras frases do filósofo pertencentes a outras obras.* Black-out. *Ouve-se a gravação inicial.)*

Margaret Stonborough-Wittgenstein pintada por Gustav Klimt em 1905.

I

A LÓGICA REQUER PUREZA OU DE COMO NÃO ME TORNEI AERONAUTA

Um. O mundo é tudo que é o caso.
Um. Um. O mundo é a totalidade dos fatos, não das coisas.
Um. Um. Três. Os fatos no espaço lógico são o mundo.
Dois. Zero. Um. Dois. Na lógica, nada é casual.

(Luz no cenário. O filósofo se encontra diante da mesa. Começa em tom de palestra.)

O enigma não existe. Vou falar de fatos que consistem ser o mundo e a linguagem do mundo. Nossa linguagem é um emaranhado confuso. Ela caminha no vazio. Busco sua clareza, mas é preciso antes que os problemas filosóficos desapareçam. É isso que deseja a minha lógica, o resto é poesia, é mística... **o que não se pode falar, deve-se calar.**

Se ouvirem com atenção, nada parecerá estranho e o que parecer estranho certamente não deve ser levado a sério. O sentido é um bem precioso justamente porque nos faz crer que somos razoáveis e não pensamos tolices. Quero crer que se não as pensamos, também temos boa chance de não as estar transmitindo enquanto falamos.

Comecemos com os signos simples, que são os nomes.

Quando digo "as ruas escuras da capital da Inglaterra", estou lidando com signos compostos. Mas quando digo simplesmente "Londres", satisfaço as exigências da simplicidade. O mundo é constituído de coisas simples que são os objetos, e os objetos, por sua vez, formam a substância do mundo. No entanto, somente pela combinação desses elementos podemos figurar a realidade. Isso ao menos segundo a minha primeira maneira de pensar exposta no *Tractatus logico-philosophicus*.

É para isso, senhores, que existem as sentenças; através delas podemos representar as coisas. Imaginem... o mundo em palavras. Não é fascinante? A linguagem é o nosso modo de união com o mundo. Por isso, quando filosofamos logicamente, não percebemos que podemos estar falando sozinhos, como quem conversa com mesas, copos e comprimidos de aspirina. Quando falamos com animais e plantas ninguém de bom senso estranha. Mas admitir que falamos com seres inanimados é algo que reforça tudo aquilo que se pensa dos pobres filósofos. Vou contar uma coisa que aconteceu comigo e que vai soar aqui como uma anedota, mas que comprova o quanto são frágeis as fronteiras entre lucidez e demência.

Em meus tempos de estudante, após algumas aulas com Bertrand Russell, perguntei se ele poderia fazer a fineza de me dizer se eu era ou não um completo idiota. Como ele pareceu um tanto atônito com a pergunta, procurei tranqüilizá-lo dizendo que caso eu fosse mesmo um idiota comprovado iria me dedicar à aeronáutica, caso contrário, me tornaria um filósofo. Apesar da minha dúvida ter persistido, acabei me voltando para a filosofia, para o bem ou para o mal daqueles que se debruçam sobre esta atividade suspeita.

Senhores, o que eu quis fazer, o que eu sempre quis, foi exorcizar os demônios da filosofia. Nosso pensamento está cheio de proposições absurdas. A pretensa profundidade filosófica tem em sua base o desengano, a ilusão. Ora, a filosofia não deve servir para disparatar. Chega de tentar definir a alma, a essência, a liberdade, todos estes fantasmas seculares do pensamento. Não somos deuses. O que de fato sabemos sobre isso? O que tentei fazer foi esclarecer logicamente as coisas, botar tudo em pratos limpos, cada coisa em seu devido lugar. **A única tarefa que restou à filosofia é a análise da linguagem.** Se quero contemplar o mundo, basta olhar diretamente as coisas como fazem os budistas. Uma árvore é uma árvore, um lago é um lago, uma pedra uma pedra...

Contudo, senhores, não creio que a filosofia tenha algo a ensinar. **A filosofia deixa tudo como está.** Por isso, sempre desprezei a cátedra e desestimulei meus alunos ao ensino em universidade. Achava que eles deviam ir trabalhar nas fazendas... É muito mais interessante.

Você mergulha no mundo, vive intensamente Nada de raciocínios filosóficos ou cálculos matemáticos. Não, senhores, não acredito nessa profissão de filósofo.

Querem saber de uma coisa? Nem mesmo sei o que estou fazendo aqui... Vivo sempre insatisfeito. Não consigo controlar meus desejos. Tenho pensamentos mesquinhos, obscenos. Sou um canalha, senhores, um canalha!... A lógica requer pureza... a filosofia... como eu poderia me assumir como filósofo? A lógica é inimiga da contradição. Vejam a minha vida, a minha obra... o *Tractatus logico-philosophicus* por exemplo, alguns dirão que é o sintoma de uma doença, mais ele é a minha cura! Foi escrito para exorcizar meus demônios! Acho que é por isso que ninguém o compreende totalmente... Eu disse à minha banca de examinadores: não adianta, senhores, não vão entender nada. Tanto não entenderam que ele foi aprovado como tese de doutorado. Ah, o *Tractatus*... vocês chamam isso de tese? Esse amontoado de aforismos obscuros? Mas tudo o que escrevi foi em nome da pureza. Ah, que sujeito indecente eu sou! Por isso eu tive de me purgar de alguma forma. Renunciei à riqueza material. Aquela herança imensa que eu tinha recebido de meu pai, um dos homens mais ricos da Europa. Eu tinha que me livrar daquele dinheiro! Fiz questão de me desfazer de minha fortuna. Uma parte, doei aos artistas. Sim, foi ótimo ter contribuído para a comissão de prêmios literários. Aquele poeta, Georg Trakl ficou radiante. Ah, Georg, me desculpe, nunca entendi direito a sua poesia... mas o que importa isso! Você escrevia trêmulo... a vida por um fio... "No crepúsculo ouve-se o grito dos morcegos. Dois cavalos saltam no gramado..."* Ah, eu não compreendo, Georg... mas como isso ecoa em meus ouvidos... Eu queria simplicidade para poder pensar com clareza. Eu queria me ver nu, entre as coisas, para entender melhor nossa miséria. **Deve haver uma espécie de recompensa e punição éticas contidas na própria ação.** A busca individual da vida feliz não tem compromisso com a lógica.

---

* TRAKL, George. *De Profundis*, Cláudia Cavalcanti (trad). São Paulo: Iluminuras, 1994, p. 15.

Naquela época, eu caminhava todos os dias por meia hora nas montanhas de Trattenbach e ia almoçar na casa das famílias mais pobres do vilarejo. Sabem, eu tinha que sentir essas coisas de perto. Depois, para o jantar, preparava no meu próprio quarto uma mistura de cacau com farinha de aveia em uma panela grande que eu nunca lavava, vejam só, uma panela imunda... eu deixava acumular aquele resto que se transformava numa crosta dura, para que só eu mesmo comesse e mais ninguém.

Fecho os olhos e vejo meus alunos camponeses... é muito bom para o caráter de um homem ser professor primário... ao menos para o caráter... Mas eu preciso desse trabalho... tenho uma terrível necessidade dele! Do contrário, meus demônios estarão à solta... Fico dócil ao seu comando, obedeço cegamente suas ordens... Os demônios vêm da carne, das células, de nosso sangue podre. Nem quero pensar no que sou capaz de fazer! Quero ser livre e viver em paz. Sabem, eu levei esse trabalho muito a sério. Preparei um dicionário escolar... disse aos alunos: façam uma lista das palavras que mais usam... Isso faz sentido. **O que define a linguagem é o uso que fazemos dela na comunicação, num contexto determinado.** Fui com muita sede ao pote... mas de que valem as boas intenções? Foram seis anos lecionando em três vilarejos diferentes. No fim, um desastre total. E ainda acabei processado pelos habitantes. Desconfio que não gostavam dos meus métodos. Vejam só, eu queria saber como a linguagem começa... isolei duas crianças que ainda não sabiam falar e uma mulher muda. Ora, isso não foi nenhum absurdo! Eu queria saber se aprenderiam uma linguagem primitiva ou inventariam uma nova! Bem, acho que não deu muito certo... As crianças choravam o tempo todo, e a mulher gemia, tentando se comunicar... Depois a mulher também começou a chorar... Aí já viram... tudo o que consegui foi um dialeto lacrimoso!...

O que fazer para ser feliz? A filosofia nada sabe sobre isto.

Os problemas da vida não se resolvem como equações de segundo grau. A vida moral do homem não se reduz a modelos explicativos dos fatos. Não há regras universais para a resolução desses problemas. Isso é absolutamente desprovido de sentido. Os problemas da vida só podem ser pensados e eventualmente solucionados quando o indivíduo se coloca pessoalmente na situação determinada. Eu escrevi no *Tractatus* que **ética e estética são a mesma coisa**. Não foi isso que Stendhal quis dizer com aquela frase..."a beleza é uma promessa de felicidade"?

Eu sempre admirei os poetas... Ah, e os músicos... Nossa família, em Viena, transpirava música. Meu pai, um industrial muito bem sucedido, protegia os artistas, especialmente músicos e pintores. Gustav Klimt se referia a ele como nosso "ministro das artes". Por isso resolvi doar minha fortuna, para que o dinheiro não contaminasse minha filosofia, meu pensamento. Foi naquela época que Klimt, Schiele e Kokoschka descobriram que a pintura gera seus próprios seres, monstros de sensações e cores...

Mamãe adorava música. Brahms vinha sempre nos visitar... um senhor robusto, cara de papai Noel, mas intransigente, sarcástico. Era próprio dele se retirar de uma reunião elegante dizendo: "se por acaso houver alguém que eu tenha esquecido de ofender, queira aceitar minhas desculpas". A primeira apresentação de seu *Quinteto para clarinete* foi em nossa casa. Ah, Clara Schumann também nos freqüentava. Quando estavam juntos, Brahms ficava exultante. Seus olhos brilhavam.

(Ouve-se um trecho do Scherzo Op. 14, de Clara Schumann, para piano.)

Fique à vontade, senhora, mamãe já vem. Se quiser, a senhora pode sentar-se ao piano e tocar só para mim. Vou adorar.

Ah, sim, Mahler também era um de nossos convidados íntimos, sempre muito sério, elegante. Ele está sentado, limpando os óculos redondos. Acho que não enxerga um palmo adiante do nariz. A criada vem trazendo a bandeja de chá. A sala está cheia de gente. Os músicos se reúnem em volta do piano. Minha mãe sorri; está muito feliz. Brahms, de repente, fica agitado, gesticulando, coçando a barba. Acho que discorda de Mahler a respeito de uma nota que lhe soa dissonante. Mahler parece irredutível quanto a sua opinião. "Não, meu caro Brahms, tem que ser como na vida... é o elemento surpresa... às vezes doloroso, atroz... mas o clima tem que ser quebrado: um caminhante solitário e distraído é brutalmente atropelado na calçada juntamente com seus sonhos... Nesse ponto, Clara interfere. Ela parece concordar com Brahms... "Não, senhor Mahler, os sonhos sempre acabam se salvando"... e encerra a discussão com um acorde harmonioso. Brahms quase vai às lágrimas.

II

UMA CAIXA DE SURPRESAS

Quatro. O pensamento é a proposição com sentido. Quatro. Zero. Um. Quatro. O disco gramofônico, a idéia musical, a escrita musical, as ondas sonoras, todos mantêm entre si a mesma relação interna afiguradora que existe entre a linguagem e o mundo.

Estou sentado ao lado de meu irmão Paul. Ele estuda uma partitura.

Olho a notação musical e procuro a música por trás dela. Penso em todos os signos que representam as coisas, se todos eles se comportam como as notas musicais em relação ao material sonoro que ouvimos. Será que através dos signos podemos ouvir a música das coisas?... Meu irmão parece ouvir o que não ouço. Que nota é essa, Paul? A música às vezes é uma lâmina. Há sangue em seus ouvidos... ou será que este sangue é meu?...

Mas sei que ele não vê o que estou vendo... Paul e eu temos a mesma origem, o mesmo sangue, mas olhos diferentes na carne... Sim, lá fora, no jardim, um pássaro cego está cantando. Se ele falasse eu não entenderia. Sei que é cego por causa da cor de seu canto. Cor de neblina. Eu também não entenderia um leão se ele falasse. E se um tigre sobrevive quando lhe arrancam a pele, posso ouvir seu rugido, seu desespero... posso entender sua fúria, mas sua língua é incompreensível para mim. Mal entendo os da minha espécie... É um absurdo pensar num signo que possa descrever tais realidades. Essas coisas só podemos sentir, imaginar, jamais dizer... Como então transmitir o que sentimos a alguém?

Um momento... Clara Schumann está saindo. Parece apressada. Brahms também se despede. Deve ir ao seu retiro, em Wiesbaden. Sei que vai tirar as botas e subir a escada na ponta dos pés para não acordar a velha senhora do primeiro andar. O silêncio é importante... ele sabe disso. O silêncio é uma forma de música, é a metade da música. É uma caixa que se abre... O silêncio é o que fica dentro, ouçam!... é a voz do segredo... o segredo que nunca é revelado. Adoro o silêncio... o que seria do pensamento sem ele? E a filosofia? Uma bloco interminável de palavras, ruídos... um mar de ressonâncias, ecos, estupidez, aflição... Os filósofos precisam respeitar o silêncio. Ele está fora da linguagem, mas pertence ao reino dos problemas que precisamos resolver. E não é a ciência que vai nos dizer como solucioná-los... talvez o silêncio...

Nós o ouvimos entre as coisas, seu fluxo no tempo... nosso pulso batendo... o murmúrio do sangue... estamos vivos, respirando... silêncio, poesia, música, são a mesma coisa. Eu não viveria sem eles.

A linguagem é fascinante, mas nos enfeitiça. É por isso que nos defrontamos com problemas filosóficos absurdos, sem saída, essas armadilhas da razão. Temos que quebrar o feitiço da linguagem. O silêncio diz respeito ao limite, vejo claramente, é a expressão do limite. Mas não há nada oculto sobre a face da terra. E se admitirmos que haja alguma coisa oculta à maneira de um ateu que só admite a existência de deus para melhor combatê-lo, de que nos serve isso? Que interesse podemos ter em algo que não aparece? Ora, **a filosofia simplesmente coloca as coisas, não elucida nada, não conclui nada.** E como tudo fica em aberto, não há nada a elucidar. Em não havendo nada a ser elucidado, se tudo, por assim dizer, é como é, em tinta clara ou escura, repito, o que está oculto não me interessa mais. Não acredito em sistemas, nem em teses filosóficas. **O trabalho do filósofo é acumular recordações para uma finalidade determinada.**

III

O VESTIDO DE MARGARETE

Quatro. Zero. Zero. Dois. A linguagem corrente é parte do organismo humano, e não menos complicada que ele. A linguagem é uma veste que disfarça o pensamento.

O vestido de Margarete... seu brilho acetinado... incendiando o quarto... O que faço com o vestido de Margarete?

Éramos oito irmãos, cinco homens, três mulheres. Margarete era a mais bonita. Até construí uma casa para ela guardar sua beleza. Uma casa tão moderna quanto ela. Adorava bailes, festas... Nessas horas ficava ainda mais deslumbrante, magnífica. "Estou bem, Ludwig? Que tal meu vestido novo?" Eu então parava o que estava fazendo e ficava admirando... Margarete no espelho.

Estou em roupa de marinheiro. Paul também. Atrás de nós, as três irmãs de branco... aqueles imaculados vestidos vitorianos abotoados até o pescoço. Margarete não se sente bem, está desconfortável. Helene e Hermine parecem mais naturais... mas não estão felizes... Hermine toca meu ombro e o acaricia de leve.

Estamos pousando para uma fotografia. Atenção, este momento vai se congelar para sempre... Este momento... nosso tempo, nosso tédio, nosso corpo, nossos sonhos... tudo vai morrer de repente... seremos uma imagem apenas, a mancha de um cartão velho... as mãos amarelas, o rosto amarelo, num jardim amarelo, sob um céu amarelo, tudo amarelo... pálido, pálido... o amarelo é a cor do esquecimento.

Eu tenho treze anos. Chego em casa num final de tarde. Mas o que é isso? Que confusão... o que está acontecendo? Minhas irmãs estão chorando, minha mãe também... os criados correm de um lado para outro. Hans acaba de se matar em Cuba! Mas, em Cuba... aquele paraíso tropical?

(Encontra uma carta de Hans. Lê a carta. Som de música cubana.)

"Gente, isto aqui é uma delícia!... o sol, a praia... a música... as pessoas vivem dançando, cantando... Tudo é motivo de festa. Ontem estava com uns amigos. Os cubanos são cordiais. Bebemos a noite toda ao som dos violões e bongôs."

Eu não compreendo... Então por que, Hans, meu irmão? Você teria sido um grande compositor, um grande concertista... Tudo tão misterioso... Você sumiu num passeio de barco. Nunca soubemos o que aconteceu. As pessoas nunca entendem os suicidas...

Depois foi a vez de meu irmão Rudolph se suicidar, em Berlim. A tragédia se repetia. Sua morte, em 1904, saiu num jornal da época. Coisa de cinema. Ele foi a um bar enfumaçado e tomou dois drinks inofensivos.

"Garçon, vê um uísque aí pro moço do piano... Ô pianista, toca uma música pra mim? Você conhece 'I am lost'? Então toca que eu quero ouvir..." E aí, enquanto o músico tocava sua canção favorita, Rudi engoliu uma cápsula de cianureto, estremeceu e desabou na cadeira.... Como entendê-los?

Meu outro irmão, Kurt, também se mataria mais tarde, em 1918, em pleno *front* de batalha. Vejam, ele deu uma ordem, mas a tropa que estava sob seu comando não obedeceu. Ele então atirou na cabeça. Simples, não?

A guerra... eu também estive lá. Me alistei como voluntário no exército austríaco... depois os italianos me prenderam. Mas eu vi muita coisa... sei como é... jamais vou esquecer aquele soldado espetado no arame, as mãos enlameadas, a cabeça vermelha como uma escultura sem rosto. Eu queria tirá-lo de lá, sabem, estendê-lo no meu colo... moldar-lhe de novo um nariz, uma boca, dois olhos... eu queria ouvir seu coração... seus segredos, seus sonhos... senti tanta ternura e repulsa ao mesmo tempo, tanta tristeza... eu pensava em mim mesmo... se era eu mesmo ainda, se não era outro, inteiro ou metade... verdadeiro ou falso... eu em frangalhos... p ou não p, uma tautologia, uma mentira, uma verdade que doía no corpo todo, uma febre sem nome; os pedaços de corpos no chão espalhados, aquele amontoado disforme, sem alma... aquela podridão abominável...

O mundo... Suas políticas sórdidas, imbecis, esse fanatismo absurdo... Os torpedos, os estilhaços de granada... são fogos de artifício, meu amigo, a apoteose, o mundo festejando sua própria ruína.

O mundo é tudo — que é o caso... um caso perdido! E aquele outro, tão jovem... tremendo, no buraco da trincheira como um verme... seu uniforme sujo... seu corpo pingando, derretendo, apodrecendo, afundando na lama, no sangue...

Agora entendo vocês, meus irmãos!... Não há como exprimir a morte.

Margarete... no quarto se arrumando... ajeitando o vestido no corpo... tão justo... aquele vestido cintilante... está meio escuro, mas vejo o seu brilho e a luz dos ombros nus... Acho que ela saiu do retrato de Klimt. Deixou o retrato em branco. Ah, como ele deve ter adorado pintar seu retrato... "Fique quieta, Margarete"... Imaginem... Margarete imóvel!... ela que é a beleza em movimento. Enquanto se mexia, eu ouvia a barra do vestido se arrastando no assoalho... a música do vestido, que só eu ouvia.

Ah, o vestido... o vestido... o que faço com o vestido de Margarete?

O que estou dizendo? Nesses últimos tempos, aqui em Cambridge... a minha maneira de dar aula... é como se falasse o tempo todo comigo mesmo, remoendo meus pensamentos, meus fantasmas indigestos. Deixo-os vir à tona... Assim vou limpando tudo por dentro, sabem como é... faxina geral... é preciso arejar a alma para melhor pensar e colocar as idéias...

Lecionar é pensar em voz alta. A gente vai andando entre as cabeças atentas ou sonolentas, espalhando o próprio rasto, imaginando as perguntas, calculando as respostas... e então vêm os argumentos, os devaneios, os inevitáveis tropeços... chegam as dúvidas, as contradições... e daí as emendas... as ataduras... a enfermaria entra em cena com suas macas e cadeiras de rodas... Outras vezes se ouve alguém falando de tão longe como se estivesse perdido num túnel... Como? O que você disse? Poderia repetir... E os alunos querendo a resposta, a solução formidável!... querendo a verdade... de preferência concisa numa única fórmula, redonda, brilhante... quanto mais breve, mais verdadeira, quanto mais verdadeira, mais bela. A gente então tira a voz do nada e cospe a lava quente como um vômito, e ainda fica na garganta aquele indescritível gosto de morte...

IV

NÃO HÁ NADA MAIS SÓLIDO
QUE O ABISMO

**Seis. Quatro. Todas as proposições têm igual valor.
Seis. Quatro. Um. O sentido do mundo deve estar fora
dele.
Seis. Quatro. Três. O mundo do feliz é um mundo diferente
do mundo do infeliz.**

Nunca estamos livres das sensações do tempo... esses calafrios repentinos, ecos do passado e futuro, como se fossem a única coisa capaz de linguagem, a pobre linguagem... um futuro que para nós é sempre o presente adiado, o presente que não pode ser... que não queremos enfrentar. O futuro... gostamos de vivê-lo antecipadamente, pintado em cores vivas, antes do prazo. É uma delícia cobrir o presente insuportável com este véu ilusório... esperando que ele coincida com o futuro em tempo real, exatamente como o imaginamos, nem mais nem menos. Somos feitos de tempo, mas devemos nos comportar como se ele não existisse. Só vivemos no presente... depositemos nele toda a nossa energia.

A lembrança é dor. Ela nos arrasta ao abismo. Num primeiro momento, tudo pode ser saboroso... tudo muito claro como se você tomasse um porre de oxigênio líquido! Até o corpo que você amou ressurge em seus braços tremendo e ao menos por alguns instantes tudo parece feito da substância inebriante dos sonhos... você tem os olhos fechados, seu coração acelera, corre no peito, sai pela boca... você está longe daqui. Mas logo depois você percebe que isso não se sustenta. E aí, quando menos espera, surge a ponta do abismo... ferindo como um osso... É inevitável. O abismo mora no fundo de cada lembrança, assim como a morte dentro dos olhos. Senhores, não há nada mais sólido que o abismo! Sim, eu sei que esta proposição é absurda, que isso é um disparate, mas o pensamento é isso, a poesia...

A lógica nada tem a ver com a dor, com o prazer, com o bem e o mal. Isso está além da linguagem, está fora do mundo. A ética diz respeito ao sujeito apenas, não ao mundo. O mal, por exemplo... Acabo de matar alguém...

(Olhando a mão esquerda.)

O que eu faria se pudesse esconder o crime de mim mesmo? Lavar a mão seria uma possibilidade, já que não posso lavar a alma. Poderia também tentar cobrir a mão criminosa com a outra, inocente.

(Esfregando as mãos.)

Mas sei que todas as mãos são cúmplices. Por isso, a direita tentaria cobrir a esquerda com sua luva, já que a da esquerda foi usada no crime e está suja de sangue.

(Tentando vestir a luva sem conseguir.)

Mas como? Não entra? Não entra! a maldita não entra!... Ah, mas esta hipótese não é descabida, senhores, creio que **seria possível vestir a luva direita na mão esquerda se a girássemos num espaço quadridimensional...**

(Contorcendo-se exageradamente.)

... notem que estamos falando de espaço-tempo, onde cada ponto representa um evento, de modo que em algum momento de expansão no cone de luz futura... as condições seriam outras... e eu poderia ajustá-la...

(Simulando um truque de mágica.)

Vejam, serviu, serviu.... a luva direita entrou na mão esquerda, a mão criminosa... suplantei a causalidade, saltei no tempo, estou livre do meu crime... como todos os criminosos do futuro, estou livre!

(Olhando agora a mão direita.)

Meu irmão Paul, coitado, perdeu a mão direita na guerra. Justamente ele, um concertista. Ficou sem a mão direita, a mão da concórdia, do milagre, dos arabescos e fraseados...

No entanto... ah, que teimoso você é, meu irmão! continuou tocando com a mão que sobrou. Sua carreira... a música no sangue, vocês sabem... Foi para ele que Ravel compôs o seu famoso *Concerto para mão esquerda.*

Perdoem a digressão... só posso figurar uma situação numa linguagem logicamente articulada. Vejam só uma coisa. Posso considerar, por exemplo, que as proposições P e não P têm sentido oposto, que a primeira é verdadeira e a outra falsa e que ao mesmo tempo ambas correspondem a uma única realidade. Mas não posso dizer que a verdadeira moral corresponde necessariamente a uma boa ação, ou que, por oposição, uma má ação decorre de uma falsa moral. O bem e o mal dependem de outros fatores.

(Dirigindo-se ao público.)

Por exemplo: há alguém aqui que já tenha se sentido lesado? Traído, humilhado, desprezado?... Já? Culpa sua, provavelmente, minha é que não foi. Do mesmo modo, sua ação ou inércia diante do ocorrido são indiferentes quer o senhor as declare moralmente verdadeiras ou falsas, me entende?

Deixem-me ir um pouco mais longe: há alguém aqui cuja mulher tenha sido desonesta? Infiel? Se a sua mulher é falsa, não posso fazer nada; não sou eu que vou torná-la verdadeira! Tratamos aqui de fatos lógicos. Agora veja, nada impede que ela seja falsa com o senhor e verdadeira com o amante, ou vice-versa, isto é, ele também pode ter sido enganado. Vou colocar em outros termos... uma cobra, por exemplo. Não, senhor, definitivamente, não estou me referindo à sua esposa. Penso na cobra mesmo, o animal rastejante, asqueroso... Uma coral, por exemplo, pode ser verdadeira ou falsa... são muito semelhantes, com seus anéis vermelhos, pretos e amarelos, mas apresentam particularidades distintas: cabeça arredondada, cauda grossa, verdadeira; cabeça ovalada, cauda fina, falsa. A verdadeira possui pequenas presas e fosseta loreal ausente, a falsa não tem presas, mas tem pescoço, etc. Dizemos isso delas, mas elas não sabem de nada, coitadas. O quê? Certamente, vai ver que a sua mulher também não sabe... mas o que quero dizer com tudo isso é que se os signos "p" e "ñ p", opostos entre si, considerados verdadeiro e falso, podem dizer a mesma coisa, isso mostra que o signo "ñ" a nada corresponde na realidade. Ele só existe em função de uma relação formal.

Vou dar um outro exemplo...

Qual é o seu nome? O senhor não quer dizer? Não faz mal. Digamos, para efeito de demonstração, que o senhor se chame Pedro.

Pedro, "P". Há mais alguém aqui chamado Pedro? Não? Ótimo. E o senhor? Não precisa dizer seu nome. Digamos que o senhor se chame João. João, "J". O senhor é Pedro, "P", e o senhor é João, "J", ou seja, o senhor não é Pedro, o senhor é não Pedro, o senhor é "não P".

Mas isso não quer dizer que o senhor não exista.

Uma pessoa "não alguma coisa", mesmo que a gente a renegue, ela continuará existindo, incomodando.

E não adianta achar que uma pessoa assim é boa ou má, se o que ela faz é certo ou errado, porque **a ética não se deixa exprimir.**

Onde acaba minha linguagem, o que digo, o que penso, acaba também meu mundo.

A minha linguagem... cada uma de minhas malditas palavras... não posso ir além delas...

(O dedo indicador apontando para o chão.)

...meu mundo acaba aqui.

Não é uma loucura esta situação, esquizofrenia pura? Cada um de nós fechado em seu círculo, prisioneiro de sua linguagem? **A lógica preenche o mundo... os limites do mundo são também seus limites.**

V

QUANTOS DEGRAUS SEPARAM
A LÓGICA DA LOUCURA?

(O personagem se encontra diante da escada. Sobe alguns degraus.)

Esta escada me leva ao teto do meu mundo.

(Continua subindo.)

Vou subir sozinho. Não quero que ninguém me acompanhe!... esta escada é a minha salvação! Além disso, este mundo aqui é o meu! E se mais gente subir, poderemos cair... será um problema de densidade demográfica e ao mesmo tempo de ascensão social... quando não de barbarismo. Enfim...

(Do alto da escada.)

Se eu me atirar daqui de cima, não exprimirei sentido algum além do meu gesto insensato. Aniquilarei meu sujeito nos limites do meu mundo.

Porque **o sentido do mundo deve estar fora dele**. A escada é o meu limite. Além disso, escadas podem ser perigosas... O filósofo Moritz Schlick, por exemplo. Ele ficou muito entusiasmado quando publiquei o *Tractatus*.

Aquele grupo dele, os sujeitos do Círculo de Viena, viviam entorpecidos pelo sonho da ciência. Mas **a ciência não é a única fonte de conhecimento e compreensão**, nem pode ser. Eles jamais entenderam isso. Queriam que eu fizesse parte do grupo. Adoraram meu combate à metafísica. Mas afirmei que na minha obra era mais importante aquilo que eu não disse do que aquilo que de fato disse. Então eu li para eles alguns poemas de Rabindranath Tagore, um poeta indiano que estava na moda em Viena, cuja visão das coisas era diametralmente oposta à do grupo.

"Ó Loucura, bêbada sublime! Quando, com um pontapé, abres a porta e vens pinotear em público; quando, numa noite, esvazias a tua bolsa e fazes careta à prudência; quando, sem eira nem beira, vais por caminhos estranhos, brincando com bugigangas; quando, navegando entre tempestades, partes ao meio o teu leme; — então, eu te acompanho, minha camarada, embriago-me contigo e entrego a alma ao diabo..."*

Olhei a cara deles... minha nossa!... um círculo de múmias! Com muito custo foram se mexendo, mas constrangidos, desapontados. Carnap olhava para Waismann, que olhava para Schlick, que não olhava para ninguém. Ficou ali parado, vermelho como um tomate, tentando se esconder atrás dos óculos. Pobres cientistas da linguagem! Foi uma

---

* TAGORE, Rabindranath. *O jardineiro*, Guilherme de Almeida (trad.). São Paulo: José Olympio Editora, 1950, p. 66.

overdose mística para eles. Creio que jamais se recuperaram. Mas eu admirava Schlick, sua cultura, inteligência... Um dia, aconteceu o inesperado. Um aluno dele, sabem, sujeito perturbado mentalmente... Schlick havia rejeitado sua tese e ele não deixou por menos... fulminou o pobre filósofo na escadaria da Universidade... Qual a lógica disso? Logicamente falando, isso não foi bom nem mau. Quantos degraus separam a lógica da loucura? Foi uma ocorrência do mundo, sem qualquer valor, ou seja, um fato acidental. Nós sentimos o que aconteceu com tristeza, condenamos seu assassinato, mas essas considerações não fazem parte do mundo. Não há proposições na ética, repito, a ética não se deixa exprimir. Mais tarde descobriu-se que o rapaz era membro do partido nazista. Assassinos! Por causa deles abandonei minha identidade austríaca e me naturalizei inglês. Agora, vejam, só... já ouvi dizer que Adolf Hitler e eu fomos colegas de escola... que tínhamos idéias parecidas... que ele também gostava de música, de arquitetura, de Schopenhauer... Dizem que no seu livro *Minha luta*, ele revela que se tornou anti-semita por causa do comportamento desleal de um jovem judeu de sua classe. Senhores, especula-se que este jovem seja eu! Desse jeito não duvido que vão me culpar pelo Holocausto... ou até mesmo me responsabilizar pela Segunda Guerra Mundial!

(Descendo a escada.)

Bem, quanto ao assassinato de Schlick, esse crime abominável, suas circunstâncias, o modo como o interpretamos, o modo como ele se refletiu no mundo, suas implicações éticas, estéticas, etc., a razão de tudo isso, no fundo, é indizível.

Sim, uma escada sempre nos leva a alguma parte... aquela, levou o pobre homem para parte alguma.

Sou o meu mundo, o microcosmo. E a lógica me permite dizer isto, pois **a linguagem impede os erros lógicos**. Em verdade vos digo: no princípio era a lógica.

VI

O DUPLO

Quando não estou aqui, minha mente está. Ela sempre chega antes de mim. Tenho um lago só para mim, a estrada, o cais, e mais adiante um fiorde profundo. Fico meditando, olhando a paisagem em meio às casas pintadas de cores berrantes. Depois vou fazer chá, caminhar, cortar lenha... Gosto dessa rotina. Estou na minha cabana e vocês acreditam que eu de fato esteja. A proposição lógica "estou aqui", no entanto, é idêntica à explicação de que uma proposição é tudo que pode ser verdadeiro ou falso. Assim, em vez de "estou aqui", poderia dizer "isto aqui é verdadeiro". Mas também "isto aqui é falso".

'p' é verdadeiro = p
~ 'p' é falso = não-p

Outro dia, algo muito estranho aconteceu. Eu caminhava entre as árvores coníferas. Tudo estava tranqüilo. De repente, ouvi passos atrás de mim, firmes, apressados. Depois não ouvi mais nada. Começou a escurecer. Eu já me aproximava de casa, quando ouvi os passos de novo, desta vez mais próximos, porém lentos e pesados. Quando olhei para trás vi um homem que imediatamente me pareceu familiar. Eu tinha certeza de que o conhecia, mas não me lembrava de onde. Ele então parou. Ficamos nos olhando por um tempo. Estávamos a uns dez metros de distância um do outro, talvez menos, mas dava para vê-lo razoavelmente... usava uma jaqueta surrada, como a minha, calças largas e uma bota de cano alto. Seu cabelo era espesso, desgrenhado, seu rosto assustado, como uma máscara... De onde eu o conheço, que coisa... podia jurar que... Aí, um clarão me iluminou de repente e ouvi um grito agudo, tão desesperado que pensei que fosse me cortar a garganta. Fiquei arrepiado... eu mesmo havia gritado... tinha visto quem era... Quis voltar correndo, mas não conseguia me mexer, como num sonho paranóico... quis gritar de novo mas não pude. Naquele momento, pensei... estou louco!... e a maior prova disso se encontra à minha frente. Uma prova concreta, meus amigos, irrefutável. Apertei os olhos com força. Quando abri os olhos, o homem havia desaparecido. Senhores, aquele sujeito... era eu mesmo! Já de volta na cabana, me lembrei de uma terrível lenda alemã em que um cavaleiro passa a noite inteira na floresta combatendo um inimigo que é ele mesmo. Eu vi meu duplo, e não gostei. Foi como se eu me visse pela primeira... e pela última vez.

Estou me vendo. Quando digo "eu", tomo isso como realidade concreta. Mas sei que não sou eu. Sei que o que vejo é um outro. E creio que este outro me persegue. O senhor está me perseguindo, não está?

Será que o homem que vi na floresta queria me matar?

Na juventude, sabem, eu pensava em suicídio dia e noite. Achava que não tinha saída... Não adianta, Ludwig, a vida é horrível, tudo é inútil. Eu... o outro; "p"... não "p" sim; não. Sim e não. Depende da teoria que está por trás. Podemos muito bem estar em toda parte e em nenhuma. Afinal, não podemos ser escravos de um único modelo de universo, totalmente determinístico como esse. Se estamos em algum lugar determinado, é porque certas leis garantem que assim seja. No entanto, isso não passa de convenção científica. Num universo relativo, posso estar também em toda parte e em nenhuma, e ao invés de estar no aqui-agora... posso estar no sempre-e-nunca, ainda que eu prefira só o "nunca", que me parece muito mais definitivo, mais de acordo com o meu espírito. Às vezes gostaria de acreditar que nunca verdadeiramente chegamos a existir.

VII

O SANTO DE OLHOS MALDITOS

Seis. Zero. Dois. Um. O número é o expoente de uma operação.
Seis. Um. As proposições da lógica são tautologias.
Seis. Um. Um. As proposições da lógica, portanto, não dizem nada.

Ele veio andando na minha direção. Usava a mesma boina de sempre e puxava uma corda. Foi uma aparição fulminante, mas pareceu durar uma eternidade. O que você quer, David? Agora não posso. Não posso passear de barco com você... tenho mais o que fazer... meus compromissos, o trabalho... você sabe. Além do mais, você já morreu. Você me abandonou e agora chega assim, sem avisar sem nada. Ah, já sei, você veio porque faz parte do meu mundo, concordo; tudo o que nos habita jamais nos abandona definitivamente. **O mundo e a vida são um só.** E agora você está me olhando com esses olhos de azul doloroso... um azul de quem se perdeu na distância, no tempo, vindo de lugar nenhum... Não, amigo, você não cabe em palavras, nenhuma proposição lógica te resume. Esse azul dos teus olhos escapa a toda definição de cor. É azul e mais outra coisa... ferindo a minha alma como um deserto. Eu olho para você e pergunto: qual é a cor dos teus olhos malditos? Para onde vão? Para onde vamos? A gente nunca sabe, não é mesmo? **Não podemos pensar o que não podemos pensar, por isso também não podemos dizer o que não podemos pensar.**

Tenho uma cabeça, senhores. Vocês me ouvem tão atentos... talvez com pena, ou estrangulando por dentro um riso sardônico; talvez me achando um sujeito patético, farsante. Mas esta cabeça é minha. Nasceu comigo, vai morrer comigo. Ela pode sair do meu corpo, correr nos telhados, voar entre as nuvens... pode ser beijada, acariciada, ou maltratada, apedrejada... mas sempre pertencerá ao meu corpo, não ao meu sujeito, que não pertence ao mundo, que é o limite do mundo.

David? Você ainda está aí? Sim... eu te vejo nu, ao longe, de braços abertos... flutuando no lago como um santo. Venha me salvar, eu te peço. Eles pensam que estou louco. Vivem insinuando isso. Sei que cochicham sobre mim, riem nas minhas costas. Só você e Margarete me entendem.

É... não te contei? Margarete veio me visitar. Tomamos café com ovos mexidos e pão com manteiga. Depois fomos ao cinema. Uma dama da alta costura e um sujeito mal-ajambrado, camisa aberta no peito. Mas ela nem ligou... Entramos no cinema e saímos de braços dados, radiantes, como dois namorados. Creio que Weininger tem razão, quando escreve em seu livro *Sexo e Caráter*, que "amar uma mulher só é possível quando não se consideram suas qualidades reais, e quando este amor é capaz de substituir a realidade física atual por uma realidade imaginária totalmente diferente".

Ah, a realidade, David. Você já não estava aqui. Veio a Segunda Guerra Mundial... Para mim era intolerável ficar ensinando filosofia em Cambridge enquanto o mundo sangrava... Fui trabalhar como porteiro e técnico de laboratório no Guy's Hospital, em Londres. Preparei muitos ungüentos para o Departamento de dermatologia, sabe? Mas não sou mágico... não devolvi a beleza aos rostos cadavéricos, carbonizados, retalhados pela guerra. Ah, solidão desesperada, David!... eu sinto aqui. Este cheiro de clorofórmio... por toda parte... essa incerteza... a morte à espreita, piscando os olhos de puta... que estranho, David, esses olhos... agora estão sorrindo... só consigo ver malícia e sarcasmo nesses olhos... tudo é tão deprimente, sem sentido! Se ao menos você estivesse aqui. É... íamos nos divertir muito... zombar de gente arrogante, prepotente, rir dos oficiais engomados morrendo de medo de sujar o uniforme...

Estou na enfermaria, distribuindo remédios... morto de cansaço. Necessito desesperadamente de contato emocional. Não conheço ninguém, David, mas já sabem sobre mim. Querem publicar na gazeta do Hospital uma matéria a meu respeito: "famoso filósofo trabalha como porteiro de enfermaria". Implorei a eles que não façam isso, eu preciso ficar incógnito... Há tanta gente aqui... mas me sinto tão só... Escrevi uma carta ao Rowland, quer ver?

(Lendo um pedaço de papel.)

"Uma palavra vinda do teu coração, significa mais para mim do que três páginas arrancadas do teu intelecto." Você me conhece, David, sabe que não sou feito de gelo... o pensamento é híbrido: a paixão, o cálculo, a serenidade, a ira, você sabe como é... Dizem que sou uma pilha de nervos, um sujeito intragável, incapacitado para o trabalho, até isso dizem... Veja você... Russell quer que eu procure um psicólogo. Estávamos outro dia falando sobre lógica... Eu falava com fúria... você me conhece... principalmente quando o assunto é lógica... você sabe como eu fico possuído pela linguagem. Russell me olhava impassível, sob a cabeleira branca... aquele ar estóico, senhor de si...

(Imitando Russell.)

"Meu caro amigo, você está pensando em lógica ou nos teus pecados?" "Ora Ludwig, acho que você pensa muito em si próprio." "Decida-se, meu velho... ou a lógica ou você!... ambos não é possível..." E então, David, o que acha? Penso muito em mim mesmo? Foi na escada que meu mundo acabou, foi lá que descobri meu limite, uma escada para parte alguma. Esta escada é o meu martírio, minha cruz. O que faço agora, David? Um homem e sua escada, arrastando seu mundo, seu limite. Esta escada, David, é meu corpo... Não, é o teu, meu amigo... é o corpo da salvação! Quem morre desce degraus? Seria como voltar ao mundo. Se a escada nos leva ao limite... mas voltar ao inferno? Sim, de algum modo ela também deve nos trazer de volta. Subindo a escada a gente vive, se glorifica, descendo retorna ao nada... Mas deve ser mais ou menos assim... no sentido anti-horário... o tempo também retrocede... a gente morre antes de nascer.

"Mas que sujeito torturado você é, meu amigo. Pare com isso. Abotoe a camisa, penteie o cabelo... cuide melhor de si, você parece um bicho!... Que sujeito neurótico, selvagem você é... acho que lambe o próprio sangue."

Estou, David, com a boca suja de sangue? Devo estar delirando. A lógica me deixa maluco, David...

São cinco horas da tarde... cinco horas... dezessete horas. Acabou meu turno. Querem mercúrio, ataduras, o diabo.... A enfermaria está cheia. Não me deixam em paz. Mas que diabo! Não há remédio contra isso, sargento! Não há remédio contra a podridão humana! Um pelotão avança na minha direção. O exército é terrível quando enfurecido por seus superiores. Não há limites para o que possam fazer. Os soldados não têm cabeça, só troncos e membros, marchando, marchando... imploram por ampolas de sangue... Querem o meu sangue!...

Não, meu caro Moore, não sou prisioneiro da minha linguagem! Sou prisioneiro de mim mesmo. Meu olho é meu calabouço! Quer ver? Pode olhar... cuidado com o que vai ver, não vai se assustar... mas não vai ver nada, meu amigo, nada que valha a pena. Meu olho é onde começo e acabo... e, como todas as proposições da lógica, não diz absolutamente nada!

(Marchando com energia.)

p... não p!...

Ouça, David, o que estão dizendo nos corredores da Universidade, e aqui mesmo no Hospital...

"Wittgenstein é um lunático, um lunático!"

"O cara é doido varrido"...

"E mais: gosta de rapazes"...

"Será que ele leu mesmo a obra de Weininger, *Sexo e caráter?*"

"Pode ser, pode ser... mas se leu, não entendeu nada."

"Como pode ter entendido, se não pratica?"

"Um homem deve se abster de pensamentos libidinosos... isso perturba a razão, embaça o espírito. Quando seu coração bate forte por alguém, quando seu coração vira uma bomba-relógio, prestes a explodir... você deve virar a página e pensar em álgebra!"

Por que você acha que fui trabalhar num laboratório? Para me familiarizar com certos procedimentos químicos. A lógica é um processo de purificação da linguagem. Eu quero extirpar seus sentidos doentes, seu câncer... cortar o mal ocasionado pelo excesso de significação. Se deixar por conta da linguagem, a gente enlouquece. Vira tudo poesia... A gente vai viver no delírio como se seguisse a lógica de um sonho. Que droga, David, meus sonhos, minhas metáforas descabidas... o que eu vejo, as coisas que meus olhos tocam... O que me garante que meus olhos vêem mesmo o que estou vendo. Eu tenho meu campo visual e as coisas que estão nele... este barco, estas pedras... o lago... mas **quando vejo não enxergo meus olhos no que vejo... nada no meu campo visual me garante que é visto por um olho**. O eu do filósofo, David, não é o homem, nem o corpo humano, sequer a alma de que falam os místicos, mas o sujeito metafísico, o limite. Sou o meu limite. Não faço parte do mundo. Só tenho estes dedos quebrados, esta linguagem...

Vou abandonar a filosofia. Serei monge! Não, o abade não me quer... desconfia de mim, acha que não sou talhado para as coisas do espírito. Então vou ser jardineiro!... É... jardineiro...

(Apanhando um pouco de terra imaginária.)

Adoro me sujar de terra... somos feitos de terra... Ah, serei inofensivo com as plantas e com as flores!... Elas são diferentes dos seres humanos... um pouco d'água, David... e darei vida... darei vida com as próprias mãos!

Eu me interessava por tanta coisa, lembra? Empinava pipa para estudar os movimentos do ar. Eu ficava vendo, ao longe, no céu, minha cabeça e a pipa... minhas idéias voando... meus signos "p", "q", "r"... tão bonitos... a coreografia aérea da minha demência.

VIII

A MÚSICA DE VIDRO

Seis. Quatro. Três. Um. Como também o mundo, com a morte, não se altera, mas acaba.
Seis. Quatro. Três. Um. Um. A morte não é um evento da vida. A morte não se vive.

Pouco antes de morrer eu disse ao médico e a sua esposa: contem para os meus amigos que esta vida foi maravilhosa!... Então eu ouvi esta música... A mesma seqüência de notas longas, intermináveis... A música foi ficando mais aguda, e cada vez mais nítida... tão nítida que eu podia tocá-la, senti-la escorrer entre os dedos como um líquido precioso. Na mesma hora tudo em volta começou a girar: a cama em que eu estava, a mesa, o jarro, as flores, os vidros de remédio, a toalha branca, o quadro da parede, os objetos do quadro, a própria parede, branca, branca, a poeira luminosa... e eu era o próprio centro da vertigem, caindo, caindo, dentro e fora de mim mesmo. Então tudo foi sumindo. A música era um silêncio profundo, mas que eu ouvia como se fosse estourar os tímpanos... o silêncio e a música, a música de vidro voando em cacos, gumes de silêncio me cortando sem dor, me dilacerando, me reduzindo a nada. Eu não estava em parte alguma. E mesmo depois de ter sumido, eu mesmo e tudo ao meu redor, ainda ouvia a música... Achei então que o nada devia ser assim, como uma música infinita, e que eu havia me transformado nisso... eu era pura música. Era você, David, que tocava piano? Paul? Hans?

Inventei uma lógica para o mundo... criei tabelas de verdade... jogos de linguagem... mas eu prefiro mesmo a poesia, o inexplicável. Quero a fórmula da cegueira!.. o silêncio.

O que não se pode falar, deve-se calar.

FIM

UM DEPOIMENTO

Jairo Arco e Flexa

Interpretar *Wittgenstein! — Lógica e Loucura*, de Contador Borges, foi uma das experiências teatrais mais difíceis de minha carreira de mais de 30 anos. E ao mesmo tempo, paradoxalmente, foi uma das mais fáceis.

Acredito que nada possa haver de mais surpreendente do que uma afirmação tão contraditória para iniciar um depoimento sobre este texto teatral, baseado na vida e na obra de Ludwig Wittgenstein, o filósofo da Lógica e da Linguagem. Mais do que qualquer outro, o autor do *Tractatus logico philosophicus* empreendeu uma guerra incansável contra as armadilhas e as contradições que a linguagem oferece para quem se deixa enredar em suas teias. Teias que, se de um lado podem ser fascinantes, de outro lado são perigosas, mortais mesmo, para a vitalidade e a coerência de qualquer discurso.

Pois o espetáculo teatral e principalmente o trabalho do ator sobre o palco não deixam de ser discursos — complementados por cenografia, movimentos, efeitos de luz e som — mas, assim mesmo, discursos. Se tais discursos resultam atraentes ou enfadonhos, isso é algo que, no caso, deve ser creditado (ou debitado) aos responsáveis pelo espetáculo.

Por que assim táo foi difícil interpretar *Wittgenstein*? Deixemos de lado o fato de ser um espetáculo para um único ator (que fique claro, espetáculo-solo não é, necessariamente, o mesmo que monólogo, embora em certos casos essas duas categorias possam se confundir). Já se disse, aliás, não sem certa maldade, que o som mais agradável de ouvir para um ator é sua própria voz...

As grandes dificuldades que a peça de Contador Borges oferece ao intérprete são inerentes ao personagem de Ludwig Wittgenstein: Ludwig, o ser humano complexo e atormentado, e a construção de seu pensamento filosófico. Esses dois aspectos se ligam de tal maneira que fica difícil, senão impossível, separar um do outro. Uma das primeiras lições que recebi, no início da carreira, trabalhando ao lado do ator russo Eugenio Kusnet e do encenador Augusto Boal, foi a necessidade que tem o ator de se colocar plenamente na situação do personagem, um princípio que, para simplificar esse processo pode ser sintetizado na pergunta "o que eu faria se estivesse na sua situação?"

No caso do Wittgenstein teatralizado por Contador Borges, esse "o que eu faria" consiste num enorme desafio; significa tentar se identificar com o filho de um dos industriais mais ricos da Europa, criado numa atmosfera de luxo e requinte cultural que, ao receber uma herança fabulosa, abre mão de quase tudo que lhe cabe, distribuindo sua fortuna entre escritores e artistas plásticos necessitados de ajuda. "Não podia deixar que o dinheiro contaminasse minha filosofia", diz o personagem. "Eu precisava de simplicidade para poder pensar com clareza. Precisava me ver nu entre as coisas do mundo para entender melhor a miséria humana."

Acresça-se a isso a sucessão de desgraças que marcaram a família de Ludwig Wittgenstein: de seus quatro irmãos homens, três se suicidaram. E o quarto, pianista de enorme talento, perdeu um braço na guerra. Estamos, como se vê, diante de um personagem que alcança, sem dúvida, dimensões trágicas.

Pois esse ser humano de trajetória incomum atira-se também numa aventura intelectual de dimensões extraordinárias: é, nada menos, a missão de reescrever a filosofia ocidental a que Wittgenstein se lança, praticamente fazendo, no *Tractatus logico philosophicus*, tabula rasa de tudo que fora escrito por seus predecessores. "A única tarefa que restou à filosofia é a análise da linguagem", diz ele a certa altura da peça, depois de ter afirmado, logo em sua fala inicial, que "nossa linguagem é um emaranhado confuso".

É necessária, sem dúvida, grande dose de audácia (e, por que não, uma certa insensatez) para se atirar a semelhante empreitada: ou seja, transformar em personagem teatral, em ser humano que vive, respira, comove-se e se emociona, alterna momentos de cólera e desespero, ironiza de maneira cáustica não apenas colegas do ofício de pensar como também a si mesmo, tudo isso ao longo de uma peça que em momento algum recorre a efeitos cênicos espetaculares.

Foi esse o desafio que enfrentei ao protagonizar este texto de Contador Borges, que agora se torna um livro. E assim chegamos ao paradoxo acima citado: como tal empreitada, extremamente árdua — algo com que todos, por certo, haverão de concordar — pode ter sido das mais fáceis? É aí que se revela o aspecto de mágico ou prestidigitador que todo ator, de um modo ou de outro, sempre carrega consigo.

Graças a ela, somos capazes de sugerir dificuldades aparentemente intransponíveis mas guardando o tempo todo, escondido na mão, no colete ou na cartola, algum trunfo decisivo. Quer dizer, algum trunfo que, como atores, esperamos seja decisivo, o que muitas vezes, para nossa tristeza, não acontece...

No caso, o trunfo era no fundo bem simples. *Wittgenstein!* foi uma peça que Contador Borges escreveu para mim por encomenda. De algum modo, desde meus tempos de estudante de Filosofia na USP, quando li pela primeira vez o *Tractatus* sempre intuí (sem nenhuma argumentação lógica que justificasse tal intuição) que aquele tratado tão curto, tão denso e tão enigmático, escondia uma enorme teatralidade e que algum dia eu levaria ao palco uma peça baseada nele, nas outras obras do autor, e em sua própria vida.

Mais de 20 anos depois (novamente sem respaldo algum da lógica) senti que chegara o momento de materializar aquela intuição. Para isso, Contador Borges me pareceu o autor ideal, mesmo sem nunca ter escrito para teatro: além de ter cursado também Filosofia e ter um sólido currículo de ensaísta, é um magnífico poeta, e para que a peça com a qual eu sonhava se tornasse realidade seria necessário, a meu ver, um toque poético.

Eis aí, confesso, não apenas a pura verdade como toda a verdade: ao iniciar o primeiro ensaio do espetáculo que seria dirigido de maneira inspirada por Roberto Rosa, estava confiando na minha antiga intuição e sabia que a complexa jornada à minha espera até a estréia da peça, com todas as dificuldades que apresentava, era um caminho que de algum modo eu já havia trilhado.

Nascida assim de não mais que uma vaga intuição, concretizada no entanto pelo talento e pela sensibilidade de Contador Borges, *Wittgenstein!* se haveria de representar, para este ator, uma dificílima experiência teatral, seria, ao mesmo tempo, uma das mais fáceis.

Intuições sem suporte nem de fatos nem da lógica, tarefas ao mesmo tempo difíceis e fáceis — admito que tudo isso não soa nem um pouco wittgensteiniano. Mas assim é o ofício do ator...

JAIRO ARCO E FLEXA EM CENA

Fotos de Mauricio Shirakawa

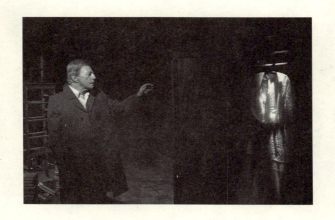
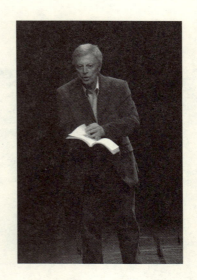

A ASCESE ESPIRITUAL DE WITTGENSTEIN

Arley R. Moreno

Professor titular no Instituto de Filosofia e Ciências Humanas da Unicamp

Nada há que tenha tornado misteriosa a vida de Johan Joseph Ludwig Wittgenstein, embora muito tenha havido que o tornasse personagem de ficção. Este muito, todavia, nada mais é do que uma série de escolhas de vida marcadas pela convicção ética. Em outras palavras, nada mais foi do que aquilo que deveria ser para todos os que tomam suas próprias vidas nas mãos e são conscientes da responsabilidade e das conseqüências de suas decisões e atos. Daí, a convicção que acompanhará, então, a ação.

Homem de profundas convicções éticas e, por isso, sempre mergulhado em intensas reflexões sobre o tema do sentido das ações, Wittgenstein orientou seu trabalho para o campo da filosofia, onde apresentou sugestões e idéias, muito originais, para dificuldades e questões tradicionais.

Sua obra não é ainda — até o momento — completamente conhecida em detalhes, uma vez que o número importante de manuscritos que nos legou foi há apenas pouco tempo organizado e divulgado sob forma eletrônica. Pode-se ter, contudo, uma idéia bastante satisfatória das linhas mestras de seu pensamento, de seu estilo e de sua personalidade.

O texto teatral que temos à mão não pretende ser uma interpretação do pensamento do filósofo — ou melhor, uma interpretação das diversas fases de sua evolução intelectual e filosófica — nem, tampouco, uma reconstituição fiel de sua personalidade. Aliás, ainda que pudesse não deveria sê-lo, uma vez que uma obra artística apresenta ao olhar aquilo que mostra, e, nisto, deve bastar-se em sua autonomia cênica sem valer-se de inúteis explicações conceituais nem de descrições de fatos empíricos.

O texto de Contador Borges seleciona um aspecto e uma fase da vida de Wittgenstein e aí concentra a trama dramática — embora lançando mão de passagens colhidas de outras fases de sua vida, introduzidas, então, sob a forma de *flashes*. É a fase da juventude do filósofo, ou melhor, aquela que envolve seu primeiro trabalho filosófico importante, o *Tractatus logico-philosophicus*, fase bastante atormentada pessoalmente e difícil filosoficamente. Assim é que o indivíduo Wittgenstein torna-se personagem teatral, ao concentrar idéias e conflitos pessoais, apresentado como exemplo ou estilo de vida a ser meditado.

O texto de Contador Borges focaliza o período em que a primeira obra de Ludwig foi acolhida com muito entusiasmo tanto pelo meio intelectual britânico quanto, e, particularmente, pelo grupo de pensadores que dava início a um projeto coletivo de desenvolver uma filosofia científica, sem metafísica — o denominado Círculo de Viena. Projeto intelectual e também político contra o obscurantismo que, com freqüência, acompanhou ideologicamente os diversos sistemas metafísicos. A metafísica é vista, nesse sentido, como algo superior, ou mais profundo, ao alcance de apenas alguns iniciados; eis uma das conseqüências ideológicas da inserção de sistemas filosóficos na prática social.

Contra essa ideologia incentivada pelos sistemas metafísicos é que um grupo de pensadores se reuniram no início do século XX e, coincidindo com a publicação do livro de Ludwig, encontraram nesse livro o fundamento filosófico para seu projeto de uma filosofia científica e esclarecedora. Apesar do grande sucesso, Ludwig — i.e., o jovem Wittgenstein — recusou-se a integrar o grupo e, além disso, afirmou que seus integrantes não haviam compreendido o mais importante do livro — justamente, tudo o que não pôde ser dito, os valores éticos, estéticos e religiosos.

Esse período da vida do filósofo foi bastante cònturbado, devido a problemas familiares e a dificuldades pessoais, sendo que o trabalho realizado para compor o *Tractatus* representou, para Ludwig, um combate contra todos esses problemas e essas dificuldades — e, finalmente, sua superação pela filosofia. O *Tractatus* representou uma verdadeira ascese espiritual, uma *tarefa* ética a ser assumida e realizada por quem tenha compreendido os seus resultados, contrariamente à compreensão que tiveram os membros do Círculo de Viena.

Esta ascese espiritual pode ser bem ilustrada pela metáfora de uma escada, metáfora presente no final do livro. Trata-se de uma escada com apenas sete degraus principais, de tal maneira que cada um destes degraus só poderá ser atingido após o longo exercício de se galgar os degraus intermediários, sempre sinuosos, sutis, levando, por vezes, a degraus que parecem conduzir para baixo — à exemplo dos degraus numerados com números comportando zeros — sendo estes últimos uma condição, também, para que se possa ascender a degraus superiores.

Ora, esta ascese percorre todas as condições para o conhecimento científico caminhando, assim, para a eliminação da metafísica. Esse é o aspecto do livro que fascinou os pensadores do Círculo de Viena. Todavia, a ascese prossegue na direção do que ultrapassa o conhecimento científico, sem metafísica, e adentra o domínio dos valores que concernem nossa vida moral, estética e religiosa. A principal tarefa da ascese realizada por Ludwig no *Tractatus* é a de mostrar — mas, apenas para quem possa compreender o livro, i.e., para quem tenha vontade de compreendê-lo — mostrar que nada pode ser conhecido cientificamente a respeito de tais valores vitais, de tal maneira que todas as tentativas de cientificizar o domínio da vida moral, estética e religiosa serão filosoficamente ilegítimas e, mais profundamente, serão imorais. Eis porque Ludwig não aceitou participar do Círculo de Viena, apesar das intenções sociais libertárias e intelectualmente esclarecedoras dos membros do grupo.

Esse é o período da vida do filósofo explorado por Contador Borges e, por isto, forte é a metáfora da escada em seu texto — metáfora que concentra tanto as dificuldades filosóficas quanto as éticas e familiares de Ludwig.

Seria importante acrescentar que, na verdade, a vida intelectual e pessoal de Wittgenstein não se encerrou e nem se limitou a esse período. De fato, a partir do final da década dos anos 20, Wittgenstein — e, agora, não mais Ludwig — passa a realizar, lenta e minuciosamente, um longo processo que denominará *terapia conceitual* da filosofia — o conceito de *terapia* tendo sido inspirado pela terapia psicanalítica freudiana, mas, dela se demarcando por ser estritamente conceitual, nas mãos de Wittgenstein, nada tendo a ver com o tratamento psíquico. Ora, o primeiro candidato ao tratamento conceitual será, justamente, Ludwig, o jovem autor do *Tractatus* — aquele mesmo que se recusou a usufruir do sucesso e do prestígio que, na época, lhe haviam ofertado.

Esta segunda fase de seu pensamento marca, por mais uma vez, profunda influência em jovens pensadores, desta vez trabalhando em Oxford — jovens professores que adotarão o novo estilo que inaugura Wittgenstein a partir dos anos 30 em suas aulas de Cambridge. Mais uma vez, Wittgenstein irá recusar qualquer participação nesse novo grupo de pensadores — pensadores que serão conhecidos a seguir como os filósofos analíticos – o qual Wittgenstein irá qualificar, ironicamente, de "filósofos peritos", ou melhor, filósofos que se arrogariam a capacidade de solucionar todos os problemas filosóficos de maneira definitiva pela simples aplicação de um método de análise de palavras.

Teríamos, nesta segunda fase da vida de Wittgenstein, um rico material de vida e de obra a ser ainda melhor explorado. Esperamos que Contador Borges se deixe seduzir por tal personagem e venha a nos brindar, dentro em breve, com outros aspectos da vida do filósofo.

Esperamos, ainda, que o presente texto teatral venha despertar o interesse e a curiosidade pelo indivíduo e pelo filósofo, aqui apresentados como personagem ficcional — recurso artístico que permite marcar com força um estilo de vida como exemplo a ser meditado por todos.

CRONOLOGIA

1889 – Nasce em Viena, no dia 26 de abril, Ludwig Josef Johann Wittgenstein, filho caçula de uma família rica e culturalmente refinada, cujo lar foi um centro de vida artística na época.

1906 – Ingressa na Technische Hochschule de Berlim.

1908 – Em Manchester, na Inglaterra, desenvolve vários projetos ligados à aeronáutica.

1912 – Ingressa no Trinity College, em Cambridge, onde estuda com Bertrand Russell.

1913 – Submete-se à hipnose, visando esclarecer intrincadas questões lógicas.

1914 – Tem início a Primeira Guerra Mundial. Wittgenstein alista-se como voluntário no exército austríaco.

1918 – Com o colapso do Império Austro-Húngaro, é feito prisioneiro pelos italianos. Suicídio de seu irmão Kurt, no *front*.

1919 – Volta à Áustria.

1920 – Torna-se professor secundário num vilarejo em Trattenbach, no interior da Áustria, onde fica até 1922.

1921 – A revista filosófica Annalen der Naturphilosophie publica o *Tractatus logico philosophicus*.

1922 – Leciona num vilarejo de Puchberg am Schneeberg. Publicação do *Tratactus* em Londres.

1924 – Leciona num vilarejo em Otterthal.

1926 – Publica um dicionário escolar, resultado de suas experiências pedagógicas. Abandona o cargo de professor secundário. Volta à Áustria. Trabalha como jardineiro no mosteiro de Klosterneuburg, em Hütteldorf. O abade do mosteiro o desencoraja a abraçar a vida monástica. Participa da construção de uma casa para sua irmã Margarete, em Viena.

1929 – Retorna a Cambridge, onde doutora-se com o *Tractatus*.

1930 – É nomeado "Fellow" no Trinity College.

1933 – Escreve os *Cadernos Azul e Castanho*, concluídos em 1935.

1935 – Viagem à URSS.

1936 – Retira-se em sua cabana, na Noruega, onde inicia as *Investigações filosóficas*.

1937 – Volta a Cambridge, onde é designado titular da cadeira de filosofia no Trinity.

1938 – Elabora as *Conferências e Discussões sobre Estética, Psicologia e Crença Religiosa*.

1939 – Eclode a Segunda Guerra Mundial. Sucedendo a G.E. Moore, Wittgenstein assume a cadeira de filosofia da Universidade de Cambridge.

1940 – É mobilizado para os serviços médicos do exército britânico.

1941 – Trabalha como porteiro do Guy's Hospital, em Londres, até 1943.

1943 – Trabalha como ajudante no Clinical Research Laboratory, em Newcastle.

1944 – Retorna a Cambridge, onde volta a lecionar.

1947 – Renuncia à cadeira de filosofia.

1948 – Estada na Irlanda.

1949 – Viagem aos EUA. Estada em Cambridge e Oxford. Descobre que sofre de câncer.

1950 – Curtos períodos de permanência em Viena, na sua cabana na Noruega e em Oxford.

1951 – Passa a viver na casa de seu médico, em Cambridge. Apesar da doença, continua se dedicando a seus escritos filosóficos. Falece no dia 27 de abril.

SOBRE O AUTOR

Luiz Augusto Contador Borges, paulistano, é poeta, ensaísta e tradutor. Leciona Filosofia na Fundação Escola de Sociologia e Política de São Paulo. Publicou, por esta editora, os livros de poesia *Angelolatria* (1997), *O reino da pele* (2003), e *A morte dos olhos* (no prelo), assim como as traduções de *Aurélia*, de Nerval, *O nu perdido e outros poemas*, de René Char, e *A filosofia na alcova*, do Marquês de Sade, entre outras. *Wittgenstein!* é sua primeira peça de teatro.

Este livro foi composto em
Garamond pela *Iluminuras* e
terminou de ser impresso no
dia 30 de setembro de 2007
na *Associação Palas Athena*, em
São Paulo, SP.